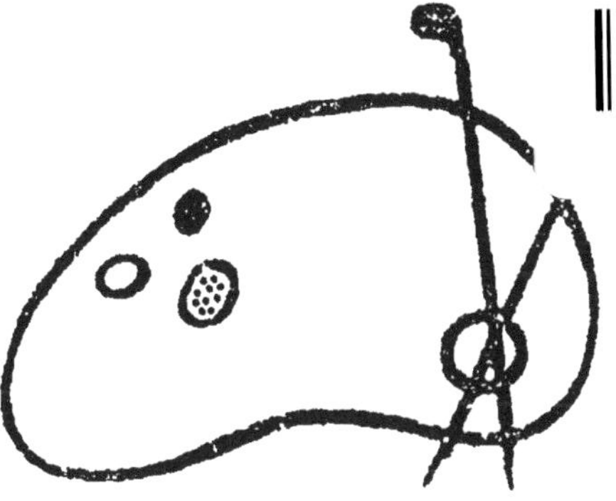

Duchesne

NOTICE HISTORIQUE

SUR

LA VIE ET LES OUVRAGES

DE

M. J. DUCHESNE AINÉ

CONSERVATEUR DES ESTAMPES

DE LA BIBLIOTHÈQUE IMPÉRIALE

PARIS

IMPRIMERIE SIMON RAÇON ET COMPAGNIE

RUE D'ERFURTH, 1.

1855

(11)

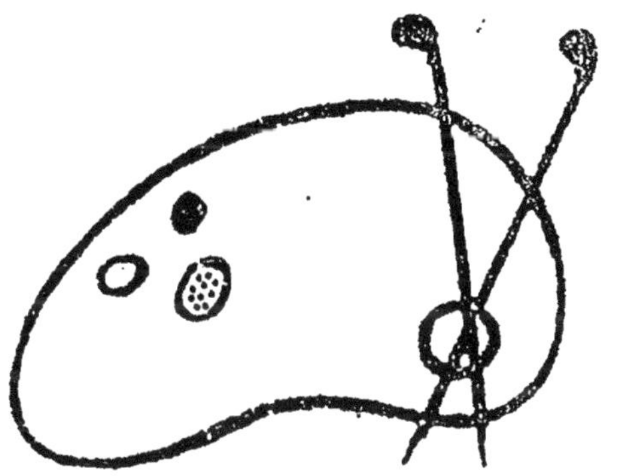

Fin d'une série de documents
en couleur

NOTICE

SUR

M. JEAN DUCHESNE

La vie de M. Duchesne est une grande et belle page de l'histoire de la Bibliothèque impériale. C'est beaucoup, et l'on pourrait se dispenser d'y chercher autre chose, tant les souvenirs de l'homme sont inséparables de l'intérêt qui s'attache à ce grand établissement. M. Duchesne l'aimait, comme les bons moines aimaient autrefois le couvent dans lequel ils avaient fait profession, où ils étaient entrés un jour pour ne plus jamais avoir la pensée d'en sortir. La Bibliothèque, et dans la Bibliothèque le Cabinet des estampes, semblait, pour ainsi dire, le seul point du monde où il respirât parfaitement à l'aise. Il aurait pris son parti des plus grandes privations; il n'eût pas d'un jour survécu à la perte de ses fonctions, quand même cette perte lui eût ouvert la perspective d'une pension de retraite proportionnée à l'importance, à la durée de ses services.

M. Jean Duchesne, né à Versailles le 29 décembre 1779, appartenait à une famille très-honorable : son père, Antoine-Nicolas Duchesne, était prévôt des bâtiments du Roi, charge créée pour son aïeul dans le siècle précédent, et qu'il conserva jusqu'à l'époque de la suppression de tous les anciens offices royaux. C'était un naturaliste et surtout un horticulteur distingué. Membre de la *Société royale et centrale d'agriculture*, le baron de Sylvestre, secrétaire perpétuel de cette éminente compagnie, lui a consacré une notice intéressante dans laquelle il a rappelé les services que M. Duchesne avait rendus à plusieurs branches des sciences naturelles. On lui doit un des premiers essais du célèbre annuaire du *Bon Jardinier*, aujourd'hui l'inséparable *vademecum* des horticulteurs : le *Jardinier prévoyant* parut en 1770 pour la première fois, et fut continué les années suivantes jusqu'en 1781. Quatre ans auparavant, M. Duchesne avait donné l'*Histoire naturelle des Fraisiers*, et c'est là que viennent pour la première fois prendre place plusieurs variétés nouvelles obtenues par l'auteur, à la suite de nombreux et fortunés essais. M. Duchesne père était d'ailleurs un homme de bien, laborieux et modeste, sincèrement attaché à l'ancien gouvernement comme à la religion de son pays. Il mourut presque octogénaire, le 18 février 1827, après une longue maladie dont les souffrances furent adoucies par la tendre et pieuse sollicitude de ses enfants, honneur et bonheur de sa vieillesse : l'aîné de ses deux fils était M. Jean Duchesne, dont les arts et surtout les artistes déplorent la perte récente, et le second, M. Duchesne-Tauzin, aujourd'hui conservateur adjoint du cabinet des estampes, et l'un des plus anciens fonctionnaires de la Bibliothèque impériale.

Duchesne aîné fit ses premières études à Versailles; mais son penchant l'entraînait plutôt vers les beaux-arts que vers les sciences exactes ou les subtilités grammaticales.

Cependant, quand fut créée l'École polytechnique, son père voulut sérieusement le préparer aux examens qui pouvaient le faire admettre dans cette pépinière d'ingénieurs civils et militaires. Il fut dérangé dans ses plans par un ami de la famille, M. Joly, qui venait, après deux années passées dans les prisons de la Conciergerie, d'être rendu aux fonctions de conservateur de notre Cabinet des estampes. « Vous voulez, » dit-il à M. Duchesne le père, « lancer votre fils dans une carrière pour laquelle il ne semble pas fait et où l'attendent de grandes déceptions. La République vous a ruiné comme bien d'autres, vous ne pouvez garder longtemps vos fils à votre charge. Faites mieux, confiez-moi l'avenir de l'aîné : il entrera dans le Cabinet des estampes comme le dernier employé; je lui apprendrai notre métier; je suivrai ses progrès, je vous en rendrai compte, et, s'il se conduit bien, la Providence fera le reste. »

Jean Duchesne laissa donc équerre et compas, algèbre et trigonométrie, les répétitions du collége et de l'École centrale. Il entra dans le Cabinet des estampes, à l'âge de quinze ans et sept mois; c'était le 28 juillet 1795. Huit ans plus tard, il devint second employé, et le 23 octobre 1806 il n'eut plus d'autre supérieur dans le cabinet que M. Joly, celui qui le premier avait deviné sa vocation et qui fut constamment l'objet de sa respectueuse reconnaissance. Ce n'est pas ici, pour M. Duchesne, l'occasion d'un éloge : une âme basse aurait pu seule abjurer la religion de tels souvenirs.

M. Joly eut tout sujet de se féliciter du choix qu'il avait fait. Le zèle du nouvel employé avait besoin de frein plutôt que d'aiguillon : il voyait, il surveillait tout. Chaque jour, la tête remplie de projets d'améliorations, il venait les soumettre au Conservateur, assez disposé naturellement à craindre ce danger d'innovations qui, trop souvent, en balance les avantages; mais à la fin il se rendait et n'avait pas à regretter sa condescendance. Cependant la santé de l'estimable M. Joly était plus faible que son âge ne le comportait; bientôt un affaiblissement progressif ne lui permit plus, dans le département qu'il administrait, la même assiduité : heureux alors de pouvoir remettre la direction des travaux au zèle éclairé, à l'habileté éprouvée de M. Duchesne. A partir de 1815, tout se fit d'après les indications, les vues et les propositions de ce dernier. Pourquoi ne pas le dire? grâce à son impulsion vigoureuse, le Cabinet des estampes, qui comptait en 1795, même à Paris, plusieurs rivalités redoutables dans les collections particulières, cessa d'en craindre même en Europe, si bien qu'il est aujourd'hui devenu le plus beau, le plus nombreux et surtout le mieux ordonné que l'on ait jamais formé.

Un mot quant à son accroissement progressif. M. Duchesne, en entrant dans la Bibliothèque nationale, avait trouvé réunis 2,700 volumes : c'était là le Département des estampes, formé des anciens cabinets de l'abbé de Marolles, de Gaignières, Beringhen, Begon et Uxelles; augmenté d'une assez grande quantité de pièces trouvées chez ceux que la République avait tués ou contraints à chercher leur salut dans l'émigration. En cinquante années, la collection s'est pour le moins quadruplée : les volumes reliés se sont élevés au chiffre de 10,400, et il n'est pas une pièce de tous ces nouveaux volumes qui n'ait été acquise, enregistrée et classée sur la demande de l'Employé ou sous les auspices du Conservateur.

Il faut rendre encore à M. Joly cette justice : peu de mois avaient suffi pour lui faire reconnaître dans son jeune protégé une aptitude particulière aux fonctions qui lui étaient confiées. Aussi le chargea-t-il bientôt d'une mission qui semblait fort au-dessus de son âge. Il s'agissait de rassembler à Versailles toutes les estampes qui se trouvaient dans le palais de Louis XIV à l'époque de la mort de Louis XVI, et qui, depuis ce temps, ne paraissaient avoir attiré l'attention ni du gouvernement ni des officiers préposés à la garde des anciens meubles de la couronne. M. Duchesne justifia la confiance de M. Joly : les gravures furent reconnues, décrites et classées ; l'ordre fut donné, dès 1796, de les réunir au cabinet de la Bibliothèque nationale. Elles y conservent aujourd'hui les marques distinctives de leur royale provenance.

Quelques années plus tard, M. Duchesne ne perdit pas une heureuse occasion d'étudier l'art de la gravure dans ses origines les plus lointaines. Il y avait, dans le Cabinet des estampes, une pièce dont le caractère avait échappé jusqu'alors à l'attention des plus habiles connaisseurs : c'était la reproduction d'un dessin tracé sur une ancienne paix d'église, et qui représentait la Vierge et son divin Fils, entourés de saints et de saintes. Un Italien déjà connu par de bons ouvrages sur les anciens graveurs, M. l'abbé Zani, l'avait vue pour la première fois en 1797 ; il en avait été frappé, et l'année suivante il était revenu demander la permission de la revoir tout à son aise. Dès qu'elle fut sous ses yeux, l'Abbé manifesta les transports et toutes les expressions de la plus vive allégresse. C'était bien un travail de Mazo Finiguerra, l'inventeur de la gravure ; c'était même la première production de ce premier maître, faite à la manière noire, ce que les Italiens appelaient déjà *niello*. M. Duchesne, qui avait apporté la pièce, s'associa bien vite, on peut le croire, à la satisfaction d'une pareille découverte. Plus tard, dans son important *Essai sur les nielles*, il a rappelé le plus heureusement du monde ces premières impressions qui devaient le conduire lui-même à de savantes recherches, et à d'autres découvertes non moins précieuses.

Dès que M. Duchesne, en 1807, eut, avec le titre de premier employé, obtenu l'entrée de son digne frère, M. Duchesne-Tauzin, dans le même cabinet, il voulut réaliser un de ses projets favoris. Avec l'assentiment du Conservateur, il rassembla quarante des plus belles estampes de la collection, il les fit encadrer d'une façon convenable, et il en forma une première exposition perpétuelle à la portée des regards de tous les visiteurs de la Bibliothèque impériale. C'était une grande innovation : mais tels en étaient les avantages incontestés, que l'exemple en fut suivi, d'abord dans le Cabinet des manuscrits et dans le Département des livres imprimés, puis dans cet autre Cabinet des plans et cartes géographiques, créé il y a vingt-cinq ans, sous les auspices et par la forte volonté de l'illustre M. Jomard. Ces expositions ont reçu l'applaudissement du public, qui peut ainsi, sans le secours particulier des employés, prendre une idée sommaire et déjà fort intéressante des chefs-d'œuvre de la numismatique, de l'imprimerie et de la gravure, de l'art d'enluminer et de relier, à toutes les époques.

Il va sans dire que le nielle de Finiguerra (le mot français de *nielle* a été créé par M. Duchesne et dès lors adopté par l'Académie) obtint les honneurs de l'exposition. On peut en voir la description exacte à la page 5 de ce volume. Encouragé par la découverte de l'abbé Zani, M. Duchesne étudia avec une ardeur nouvelle toutes les pièces qui pouvaient être le résultat d'un procédé analogue. La Bibliothèque en possédait déjà plus de quarante, et le nombre en est aujourd'hui plus que doublé. Un de ces nielles portait les initiales O. P. D. C. La sagacité de M. Duchesne en trouva l'explication. Il fallait lire : *Opus Peregrini da Cesena* Peregrini est un des premiers graveurs connus, et cette attribution révélait au Cabinet des estampes la valeur réelle d'une pièce jusque-là demeurée dans l'obscurité. Elle fait également partie de l'exposition.

Au reste, la Notice qu'on va lire des pièces exposées dans la galerie Mazarine, notice dont M. Duchesne a corrigé les dernières épreuves d'une main déjà tremblante, permettra de suivre l'histoire rapide de l'origine, des accroissements et de l'arrangement systématique du Cabinet des estampes. Ces recherches, dues à l'homme qui pouvait en parler avec le plus d'autorité, serviront de guide à tous ceux qui voudront se faire une idée juste de cette admirable collection; nous n'en dirons ici que peu de mots.

Quand M. Duchesne était entré dans la Bibliothèque nationale, il avait trouvé un inventaire et un catalogue alphabétique. L'inventaire constatait l'origine et la date de l'acquisition de chaque pièce; le catalogue portait le nom des graveurs dont on possédait l'œuvre plus ou moins complète. La première rédaction de l'inventaire remontait à l'année 1783, on l'avait commencé avec une certaine méthode : mais, à partir de 1792, époque de la mort de M. Joly père, on s'était contenté d'enregistrer les provenances, les dons et les acquisitions dans le seul ordre de la date des entrées. Dès lors de grandes difficultés s'élevaient pour apprécier l'ensemble et les détails d'une collection déjà fort considérable. Le catalogue des auteurs était encore plus incomplet : Il ne disait rien des pièces anonymes ; il essayait à peine d'expliquer les signes monographiques employés par la plupart des anciens graveurs.

M. Duchesne entreprit, avec la permission de M. Joly fils, un autre inventaire, un autre catalogue. Il ne renonça pas au système de classification admis avant lui et que justifiait déjà l'excellent livre d'Heinecken, *Idée générale d'une collection d'estampes*, publié en 1771. Mais, pour répondre aux accroissements progressifs du Cabinet, M. Duchesne doubla le nombre des séries qu'Heinecken avait jugées suffisantes. La collection fut ainsi divisée en vingt-quatre classes, représentées par les vingt-quatre lettres de l'alphabet. Cette disposition offre assurément de grands avantages pour les deux grandes fins que la Bibliothèque impériale se propose : *bonne conservation*, — *communication facile*. On peut, si l'on veut, contester la prééminence donnée à telle classe sur les suivantes, et, pour citer un exemple, l'œuvre des graveurs peut être porté au premier rang ou bien être descendu dans une série inférieure à celle qu'il occupe ; mais l'avantage du système général, c'est-à-dire la division en vingt-quatre séries, et l'emploi des lettres majuscules pour distinguer les séries, et des secondes lettres minuscules pour marquer les subdivisions ; cet avantage, aujourd'hui reconnu par tout le monde, est en très-grande partie l'œuvre de M. Duchesne. Qu'on change l'ordre des séries, qu'on accroisse ou qu'on diminue le nombre des subdivisions, cela ne saurait conduire à la refonte radicale de l'ancien inventaire, si bien tenu sous la direction du dernier conservateur.

M. Joly mourut en 1820. Tant de services déjà rendus à la Bibliothèque pendant une période de trente-cinq ans n'empêchèrent pas qu'une grande injustice ne fût commise. La place dont le premier employé du Cabinet des estampes faisait en réalité les fonctions depuis plus de quinze ans ne lui fut pas donnée. On voulut un membre de l'Institut, un artiste de profession, et le choix du gouvernement alla tomber sur un homme distingué, sans doute, par les qualités de l'esprit et du cœur, mais qui, déjà depuis longtemps sur le retour de l'âge, ne pouvait apporter l'expérience et l'aptitude naturellement réclamées pour la direction de la collection des estampes. M. Thevenin fut nommé conservateur; mais celui que l'opinion publique avait désigné fut encore le chef réel du Cabinet. Le juste chagrin que M. Duchesne ressentit à cette occasion ne fut pas capable de lui rien enlever de son activité et de sa religieuse exactitude à remplir ses devoirs de bibliothécaire. A lui s'adressèrent encore tous les artistes, tous les curieux, tous ceux en un mot qui voulaient obtenir aisément et rapidement ce qu'ils cherchaient, et, avec les pièces qu'ils cherchaient, des appréciations bienveillantes, souvent plus utiles encore.

A son tour, l'honorable M. Thevenin mourut en février 1839, et le moment de la justice arriva. On n'alla plus, cette fois, chercher bien loin le conservateur qu'on avait depuis si longtemps sous la main : M. Duchesne, au mois d'août de la même année, fut nommé à la place que la mort de M. Thevenin laissait vacante. Pendant quelques jours, la République de 1848 menaça une position si bien justifiée par cinquante-trois années de services non interrompus : M. Duchesne oublia promptement les motifs passagers de découragement dont sa vieillesse était frappée ; et l'on peut dire qu'un de ses vœux les plus ardents fut rempli quand on lui permit, l'année dernière, de transporter dans la belle galerie de l'ancien palais Mazarin la meilleure partie de son cher Cabinet des estampes. Rien ne saurait exprimer l'activité qu'il mit à presser les travaux, à surveiller le transport et déterminer la place de chaque volume. L'habile architecte, M. Labrouste, confiant dans la sagacité du digne conservateur, l'avait autorisé à donner lui-même aux ouvriers la direction que ceux-ci avaient l'habitude d'attendre de l'architecte ; on n'a pas eu sujet de regretter une telle condescendance. La nouvelle disposition de la galerie et son ornementation restaurée répondent merveilleusement à tout ce qu'on pouvait attendre d'un véritable *maître des œuvres*.

Mais cet excès d'activité, cette ardeur toute juvénile, eurent une influence fâcheuse sur la santé de M. Duchesne. Il voulut inaugurer lui-même la nouvelle galerie : il reçut les félicitations de tous ceux qui accoururent pour la visiter ; il présida aux premières séances, et l'on fut heureux de retrouver en lui cette inépuisable sollicitude à laquelle il avait habitué ceux qui fréquentaient le Cabinet des estampes ; mais il ne put longtemps jouir des améliorations qu'il avait quelque droit de regarder comme son ouvrage. Bientôt le mal fut le plus fort ; après une lutte de plusieurs semaines, il fallut qu'il se résignât à garder constamment la chambre. Une affection, trop fréquente chez les vieillards accoutumés aux travaux sédentaires et dont les premières atteintes étaient déjà fort anciennes, reparut avec des symptômes plus alarmants. Le mal fit pendant six semaines des progrès que l'art d'un habile médecin, tendrement attaché à cette excellente famille, put ralentir, mais non pas arrêter. M. Duchesne vit arriver sans effroi le terme de sa longue carrière; les secours de la religion, en l'aidant à supporter avec résignation la pensée de quitter tout ce qu'il aimait et tous ceux dont il était le plus aimé, couronnèrent dignement une vie entièrement consacrée au service de la grande Bibliothèque qui l'avait reçu adolescent, et qui, pendant près de soixante ans, avait constamment profité de son activité, de ses lumières et de son admirable zèle. Il n'y a pas d'autre exemple d'une longue carrière aussi complétement absorbée au profit de la Bibliothèque impériale, et, s'il est un buste qui doive décorer l'entrée du Cabinet des estampes, c'est assurément celui de ce digne et regrettable bibliothécaire (1). Il expira le 4 mars 1855.

M. Duchesne laisse quelques précieux manuscrits, entre autres une grande histoire des châsses et reliques conservées dans toutes les églises de France. Il a publié un grand nombre d'opuscules et plus d'un important ouvrage. Il con-

(1) Le zèle bien connu de M. Duchesne pour tout ce qui se rapportait au Cabinet des estampes vient encore de porter, après sa mort, un dernier fruit. Il avait su l'existence d'une collection, sans doute unique, de tous les portraits gravés de Napoléon Ier. M. Lon, autrefois attaché au commissariat des guerres, l'avait formée, et madame Vial, sa belle-sœur, en avait hérité. Cette dame, éloignée de Paris, d'ailleurs assez désintéressée pour ne pas songer à tirer parti d'une collection aussi précieuse, semblait disposée à l'offrir à l'un de nos Musées. M. Duchesne se mit en rapport avec elle, et, comme on le pense bien, plaida vivement, dans cette circonstance, en faveur de la Bibliothèque impériale. Madame Vial voulut bien sentir la force de ces raisons; mais le choix auquel elle s'arrêta ne fut pas connu de M. Duchesne : la nouvelle en parvint après sa mort à madame Beaumont, sa fille, qui s'est empressée de donner connaissance au Conservatoire de cette généreuse donation. La collection ne comprend pas moins de six mille pièces ou portraits.

vient de terminer cette notice trop incomplète par l'indication rapide de la plupart d'entre eux. Dans cette énumération, nous suivrons, autant que possible, l'ordre des dates.

1° *Quelques idées sur l'établissement des frères Piranesi*, 1802. C'est une brochure de huit pages, destinée à combattre le projet qu'avait le gouvernement consulaire de fonder l'École des beaux-arts, et d'en confier la direction à des étrangers. M. Duchesne avait alors à peine vingt-deux ans.

2° *Rapport fait à l'Athénée des arts de Paris, sur la fonte en bronze de la statue de Jeanne d'Arc, par Goys fils*, 8 fructidor an XII (1805) ; 21 pages. Écrit avec assez de négligence, mais utile à consulter pour l'exposition développée des procédés de la fonte des statues colossales.

3° *Notice historique sur la vie et les ouvrages de Jules Hardouin-Mansart*, insérée dans le *Magasin encyclopédique*, n° d'août 1805 ; 32 pages.

Travail important et trop peu consulté. L'auteur avait tiré parti, pour cette notice, de précieuses notes laissées par son aïeul, prévôt des bâtiments du Roi, sur les différentes constructions entreprises par Hardouin-Mansart. Le détail des ouvrages exécutés à Versailles est surtout du plus grand intérêt.

4° *Éloge historique de Pierre Puget; ouvrage qui a concouru pour le prix proposé par l'Académie de Marseille*. Paris, 1807 ; 32 pages.

Le style est la partie faible de cet éloge, qui d'ailleurs offre la réunion de recherches longues et curieuses sur l'artiste français qui a peut-être le plus approché de Michel-Ange.

5° *L'Opéra, le Trésor et la Bibliothèque du Roi*. Paris,

1819; 16 pages. M. Duchesne publia cette brochure anonyme pour répondre à ceux qui déjà voulaient transporter au Louvre la Bibliothèque. Il signala les avantages de la situation actuelle et des bâtiments de l'ancien hôtel de Nevers ; mais il rappela les dangers du voisinage de l'administration du Trésor et de la salle de l'Opéra. Ses vœux ne devaient pas tarder à être remplis. La mort funeste de M. le duc de Berry fit abandonner la salle de l'Opéra, et le Trésor quitta bientôt l'hôtel de Nevers pour aller se réunir au ministère des finances.

6° *Description de la coupole de Sainte-Geneviève, peinte par M. Gros.* 1824; 8 pages. Extrait des *Annales de la littérature et des arts.* Anonyme.

7° *Compte rendu, au Ministre de l'intérieur, d'un voyage fait en Angleterre pour y examiner diverses collections d'estampes.* Extrait du *Moniteur* du 5 juin 1824. 16 pages.

M. Duchesne avait été accueilli avec le plus vif empressement par tous les nobles anglais possesseurs de grandes collections d'estampes. Son rapport fait connaître une foule de morceaux précieux et de la plus grande rareté.

8° *Essai sur les nielles, gravures des orfèvres florentins du quatorzième siècle.* Paris, 1826. Un volume in-8° de xii-382 pages.

Excellent ouvrage, dans lequel, tout en faisant la juste part des travaux de la critique appliquée à ce genre de recherches, l'auteur découvre lui-même plusieurs nouveaux points de vue, reconnaît le caractère de plusieurs morceaux jusqu'alors inconnus, et se place au nombre de ceux qui ont fait faire de véritables progrès à la connaissance des origines de la gravure.

9° *De la gravure sur métal et sur bois, et de ses procédés.* Sans date. 24 pages. Ce morceau, qui semble avoir été destiné à quelque encyclopédie, rend un compte net et satisfaisant des différents genres et de tous les procédés connus de la gravure.

10° *Persiennes, Jalousies.* Deux petits articles également destinés à une encyclopédie.

11° *Histoire de la condamnation d'un templier.* Paris, 1833 ; 48 pages.

M. Duchesne était membre d'un assez grand nombre de sociétés littéraires ou philanthropiques, dans lesquelles son activité, ses connaissances spéciales et son mérite lui assuraient toujours une haute influence. Il avait été l'un des fondateurs du *Cercle des arts* et de la *Société de l'histoire de France*, société qui, dès les premiers jours, l'avait choisi pour son *trésorier*. Il était de la *Société de Saint-Vincent-de-Paul*, dont il suffit de prononcer le nom pour en rappeler le pieux et noble but. L'*Ordre des Templiers*, auquel un assez grand nombre de gens très-honorables avait, avec plus de zèle que de succès, essayé de rendre une partie de son ancienne splendeur, eut également l'honneur de le compter au nombre de ses chevaliers. Mais, vers 1830, le grand maître de l'Ordre paraît avoir eu l'idée de professer une sorte d'hérésie religieuse, dont il voulait que chacun des membres de la compagnie acceptât la responsabilité. M. Duchesne refusa nettement toute participation à des prétentions dont il voyait tout le ridicule. Traduit devant la cour de l'Ordre, en 1832, il eut l'honneur d'être condamné à l'unanimité, et c'est à l'occasion de cet arrêté qu'il publia à petit nombre la brochure dont on vient de voir le titre.

Elle est fort curieuse et nous révèle beaucoup de choses qu'on aurait toujours ignorées sans cela sur l'histoire moderne des templiers.

12° *Voyage d'un iconophile. Revue des principaux cabinet d'estampes, bibliothèques et musées d'Allemagne, de Hollande et d'Angleterre*. Paris, 1834; XII-420 pages.

Livre d'un très-grand prix, composé à la suite des voyages de l'auteur dans les trois contrées les plus riches en collections d'estampes. Le *Voyage d'un iconophile* est pour les estampes ce que les *Musées* de M. Viardot sont pour les collections de tableaux et de statues. Comme l'*Essai sur les nielles*, il est devenu fort rare.

13° *Observations sur les catalogues de la collection des estampes*. Mars 1847; 8 pages. Indications curieuses.

14° Les Notices qui accompagnent le *Musée de peinture et sculpture*, donné par Réveil, en quatorze volumes, et la deuxième édition du *Musée français*, 1831 sont l'ouvrage de M. Duchesne.

15° Le *Dictionnaire de la Conversation* s'est enrichi en 1832 d'un très-grand nombre d'articles qu'il avait rédigés. Presque tous se rapportent à l'art, aux procédés et aux résultats de la gravure et de la statuaire. La réunion de ces articles forme un gros volume autographe, auquel M. Duchesne a depuis ajouté de précieuses annotations; surtout pour ce qui regarde les mots: Bronzes, Colonnes, Statues.

16° La *Description des estampes*, qu'on va lire à la suite de cette notice, n'est, à vrai dire, qu'une quatrième édition très-améliorée et très-augmentée de la *Notice des estampes exposées dans la Bibliothèque royale*. Le nombre de ces éditions atteste le mérite et le succès de l'ouvrage. La première parut en 1819, la seconde en 1823, la troisième en 1837.

Nous avons dit que M. Duchesne avait été l'un des fondateurs du *Cercle des arts* et de la *Société de l'histoire de France*. Il fut nommé chevalier de la Légion d'honneur en janvier 1833. Il a été l'un des membres les plus actifs de l'*Athénée des arts*, depuis le 18 avril 1803 jusqu'au moment où cessèrent les réunions de cette espèce d'académie. Enfin il avait eu, sans les avoir sollicités, les titres de membre correspondant de nombreuses compagnies littéraires, telles que la *Société des sciences, lettres et arts d'Amiens; l'Académie royale des sciences, des lettres et des beaux-arts de Belgique*, etc., etc.

Paris, 15 mars 1855.

PARIS. — IMP. SIMON RAÇON ET COMP., RUE D'ERFURTH, 1.

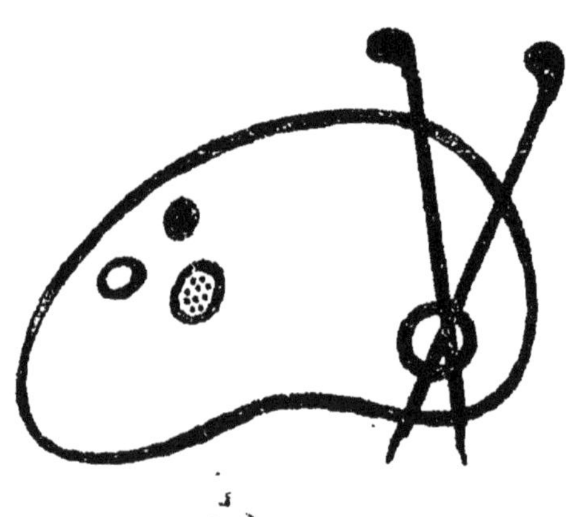

www.ingramcontent.com/pod-product-compliance
Ingram Content Group UK Ltd.
Pitfield, Milton Keynes, MK11 3LW, UK
UKHW022212190726
13855UKWH00004B/1716

9 782012 786691